कुछ अनकहे ज़ोया के जज़्बात

मेरी ज़िन्दगी मेरे अल्फ़ाज़

जल्पा लालाणी 'ज़ोया'

ISBN 979-888546282-2

अपने जीवन और

उन सभी लोगों को....

जिन्हें प्रेरणा की ज़रूरत है....

उनका हौसला और उत्साह बढ़ाने हेतु....

क्रम-सूची

भूमिका ix

पावती (स्वीकृति) xi

1. मेरी पहली किताब 1

2. ख़ुद से प्यार 2

3. माँ अनमोल है 4

4. यादगार पल 7

5. मामा का घर 10

6. नई सीख 12

7. एक नन्ही की आपबीती 14

8. पढ़ाई का सफ़र 17

9. संभालकर रखा है ख़त 19

10. कल हो न हो 21

11. मन बन गया युद्धभूमि 23

12. सूनसान रास्ता 25

13. कहीं से आ जाए फ़रिश्ते 27

14. हालात से मोहब्बत कर ली 28

15. बुरी आदत 30

16. रोते-रोते हँसना सीखो 31

17. किया है मैंने संकल्प 32

18. ख़ालीपन 33

19. ख़्वाहिश 34

20. बहुत सह लिया 35

21. एक पन्ना 36

22. मैं ख़ुश हूँ 37

क्रम-सूची

23. ज़िंदगी बहुत खूबसूरत है 38

24. दुनियावालो ने 39

25. एक रिश्ता ऐसा भी 40

26. लिखना शुरू किया है मैंने 42

27. दिल की बात कहने दो 44

28. मैं अध्यापिका बन गई 46

29. पढ़ी है एक क़िताब 48

30. यादों की तस्वीर 49

31. जन्नत-ए-नज़ारा 51

32. होली है! 52

33. दाल-चावल 53

34. बिना नमाज़ हो गई इबादत 55

35. ख़्वाब मुकम्मल हो गया 57

36. कविता पर लिख रही हूँ कविता 59

37. मुझे लिखने की प्रेरणा मिलती है 60

38. हमदर्दी 63

39. एक चेहरा 64

40. मेरी जगह 65

41. छलकते ख़्वाब 66

42. इन आँखों ने 67

43. एक औरत ने सिखाया 68

44. आकाश है मेरा 69

45. कविता हमें रच रही है 70

46. परिवार मेरा 71

क्रम-सूची

47. मेरी काव्य यात्रा	72
48. सवारूँ लेखनी	73
49. ख़ुद से प्यार	74
50. एक खूबसूरत लम्हा	75
51. माँ का प्यार	76
52. शांत हूँ मैं, अनभिज्ञ नहीं	77
53. साथ था ख़ुदा	78
54. मेरी सहेली	79
55. ज़ोया के जज़्बात	80
56. जून	81
57. दर्द से प्यार	82
58. आँख मिचौली	83
59. रात की आग़ोश में	84
60. राखी का त्यौहार	85
61. सूरत की घारी	86
लेखिका परिचय	87

भूमिका

"कुछ अनकहे ज़ोया के जज़्बात" (मेरी ज़िन्दगी मेरे अल्फ़ाज़) मेरी तीसरी पुस्तक (In paperback form) है।

जिसमें मैंने अपने जीवन के अभी तक के सफ़र को लयबद्ध रूप से निरूपित किया है। अपने अनकहे जज़्बात को अल्फ़ाज़ में अभिव्यक्त किया है।

मेरी प्रथम पुस्तक 'ऊँची उड़ान'- With the wings of petience में आपको प्रेरणादायक कविताओं का संग्रह मिलेगा। जीवन में हर किसी को प्रेरणा और उत्साह की आवश्यकता रहती है ऐसी स्थिति में मेरी यह कविताएँ व्यक्ति को आगे बढ़ने का जुनून पैदा करती है और खुश रहने में मदद कर सकती है।

मेरी दूसरी पुस्तक "आखिर दिल है हिन्दुस्तानी" वतन की खुशबू , में देश के प्रति अपने प्यार को कविताओं के ज़रिए दर्शाने का प्रयास किया है। यह पुस्तक आपको पूरे भारत देश का परिचय दिलाती है।

मेरे द्वारा रचित पुस्तक "कुछ अनकहे ज़ोया के जज़्बात" मेरी ज़िन्दगी मेरे अल्फ़ाज़ में मैंने कविता के ज़रिए मोहब्बत, रिश्तें, ज़िन्दगी के अनुभवों को दर्शाया है जो कहीं ना कहीं आपकी ज़िन्दगी से जुड़े हुए महसूस करेंगे। यह कविताएं ना सिर्फ़ आपको जोड़ेगी अपितु आपको प्रेरित भी करेंगी।

मेरी यह किताब उन सभी पाठकों को अपने जीवन के अनसुलझे हालात से सकारात्मक तौर पर लड़ने के लिए हिम्मत प्रदान करेगी ऐसी उम्मीद है।

आशा करती हूँ पाठक को मेरी यह पुस्तक ज़रूर पसंद आएगी और पाठक से निवेदन करती हूँ कि यदि आपको मेरी पुस्तक पसंद आए तो दूसरों को भी पढ़ने की प्रेरणा अवश्य दे। एक लेखक का लेखन तभी सफल हो पाता है जब पाठक को पढ़ते हुए प्रसन्नता मिलती है। पाठकगण का सहयोग ही लेखक की प्रेरणा बनता है। मैं आप सभी का सहयोग चाहूँगी ताकी आगे और पुस्तक प्रकाशित करने का प्रोत्साहन मिले। अपने लेखन

में मैंने अपनी ओर से पूरा ध्यान दिया है फिर भी कुछ न कुछ त्रुटियां अवश्य हो सकती है। अगर पाठक को कोई त्रुटि मिलती है तो उसके लिए मैं क्षमाप्रार्थी हूँ।

अपने विचार और टिप्पणी मुझ तक अवश्य पहुचाएं।

• x •

धन्यवाद।

~Jalpa lalani 'Zoya'

पावती (स्वीकृति)

बहुत बहुत आभारी हूँ यह सारी सृष्टि के रचयिता ईश्वर की जिसके कारण मुझे यह अमूल्य जीवन प्राप्त हुआ और मेरी रचनाएँ किताब के रूप में आप समक्ष प्रस्तुत होना ही ईश्वर की देन है। बहुत सौभाग्यशाली हूँ कि मैंने भारत देश में जन्म लिया जो विविधता से परिपूर्ण है। मुझे भारत देश में जन्म लेने पर गर्व है।

सहृदय आभार व्यक्त करती हूँ SHEROES App की जहाँ से मुझे लिखने की प्रेरणा मिली और लेखन की दुनिया में मैंने पहला कदम उठाया।

बहुत आभारी हूँ मेरे माता-शकीना लालाणी, पिता-मन्सूर लालाणी, भाई-भावेश लालाणी जिनसे मुझे आशीर्वाद मिला और मेरा हौसला बढ़ाया।

और तहे दिल से शुक्रिया अदा करती हूँ NotionPress प्रकाशन मंच का जहाँ मुझे अपनी पुस्तक प्रकाशित करने का मौका मिला।

धन्यवाद करती हूँ आप सभी का मेरी कविताएँ पढ़कर उन्हें सराहने के लिए।

© Jalpa lalani 'Zoya'

1. मेरी पहली किताब

जब मेरी लिखी रचनाएँ छपी मेरी पहली किताब में,
मेरे जज़्बात उतर गए किताब "कुछ अनकहे ज़ोया के जज़्बात" में
सोचा भी न था कभी किताब छपेगी अपने नाम से,
पहली रचना से लेकर कई रचनाएँ लिखी किताब में।
पता नहीं कितनी बिकेगी नहीं लगाना मुझे अपने लेखन का कोई दाम,
बस ख़ुशी इतनी है माँ-पापा ख़ुश हुए किताब पर देखकर मेरा नाम।
बस है एक ख़्वाहिश मिले सबको प्रेरणा, मार्गदर्शक बने मेरी रचना,
मैं तो बस ख़ुश हूँ चाहे मिले सबकी सराहना या आलोचना।
शायद साहित्य, रस, छंद, अलंकार, लेखन में अभी कच्ची हूँ,
अब कलम से इश्क़ करती हूँ, ज़िंदगी में मिले अनुभवों से लिखती हूँ।

2. ख़ुद से प्यार

हाँ! मैं ख़ुद से प्यार करती हूँ....
बड़ी मुश्किलों के बाद अपने आपसे
यह इज़हार करती हूँ
हाँ! मैं ख़ुद से प्यार करती हूँ।
ज़िंदगी ने दिए हैं ज़ख़्म कई
तभी अपने आपसे प्यार करती हूँ
छोड़ दिया है तन्हा सभी ने
अब तन्हाईयो में ख़ुद से बात करती हूँ....
हाँ! मैं ख़ुद से प्यार करती हूँ।
ख़ुदगर्ज़ लगूँगी मैं आपको
पर ख़ुदगर्ज़ ना कहना मुझे
बड़ी मुश्किलों के बाद
हिम्मत जुटाई है मैंने
यूँ तो आसान होगा
किसी और से इज़हार करना
कभी अपने दिल से
ख़ुद इज़हार करके तो देख
कितना प्यार आता है ख़ुद पे
ज़रा एक बार करके तो देख
यह तन्हाईयो में ख़ुद से बार बार कहती हूँ
आईने में देखकर ख़ुद से मुलाकात करती हूँ....
हाँ! मैं ख़ुद से प्यार करती हूँ।
यूँ तो कई से प्यार करके देखा है मैंने

पर प्यार न मिलने का ग़म हर बार सहा है मैंने
तो क्यों ना अपने आपसे प्यार किया जाए?
चलो एक बार यह भी करके देख लिया जाए
ख़ुद से यहीं ज़िक्र बार बार करती हूँ....
हाँ! मैं ख़ुद से प्यार करती हूँ।
यूँ तो रोते हुए को देखकर
आँसू आए हैं मेरी आँखों में
हर रोते हुए को हंसाया है मैंने
नवाज़ा हैं खुदा ने मुझे इस इनायत से
कहा है मुझसे सभी को प्यार बांटते हुए
कभी अपने आपको भी प्यार किया करो
ख़ुदा की यहीं रहमत को
सजदे के साथ इक़रार करती हूँ....
हाँ! मैं ख़ुद से प्यार करती हूँ।

3. माँ अनमोल है

कहते है हर एक के जीवन में कोई न कोई प्रेरणा बनकर आता है
पिता, माँ, भाई, बहन, दोस्त, सेलेब्रिटी, या फ़िर कोई अजनबी,

वैसे ही मेरे जीवन में मेरी प्रेरणा बनी मेरी माँ।

बचपन से देखती आ रही हूँ तब समझ थोड़ी कम थी
आज समझ में आया माँ के अंदर कितनी ख़ासियत थी।

माँ की दिनचर्या सुबह के पहले पहर से शुरू हो जाती
सर्दी हो या गर्मी पहले घर का आँगन साफ़ करती।
नहा कर प्रभु का ध्यान धरती, घर में भी साड़ी पहनती

उनकी वो बिंदी, वो चूड़िया, आँखों का वो सूरमा
हमारे उठने तक तो बन भी जाता चाय-नास्ता।

मेरे भी थे अरमान माँ के जैसा पहनावा मैं भी पहनूँगी
बड़ी हो कर कुछ अवसर पर भी बड़ी ज़हमत से सब संभाल पाती।

कैसे कर लेती थी माँ ये सब पहनकर भी घर का सारा काम
सबकी ज़रूरतें पहले पूरी करती ख़ुद का कहाँ था उसको ध्यान।

एक तो घर का काम, फ़िर बाहर पानी भरने जाना,
क्या इतना कम था कि मंदिर में भी करती थी समाज सेवा।

कहाँ से मिलता था इतना समय, आज सब सुख-सुविधा
के बावजूद भी हम कहते हैं वक़्त कहाँ है हमारे पास।

हमें पढ़ाना-लिखाना, तैयार करके पाठशाला भेजना
और घर में सब की पसंद का खाना बनाना।

जितना लिखूं उतना कम पड़ जाए
शायद माँ पर लिखने के लिए
दुनिया के सारे कागज़ भी कम पड़ जाए।

खाना पकाना सिखाती, तमीज़ से बात करना सिखाती
घर के सारे काम से लेकर बाहर की दुनिया का ज्ञान भी देती।

रात को बिना भूले दूध देती कभी मना करे तो डांट कर भी
पिलाती
पूरे दिन का हाल बतियाती, बड़े प्यार से साथ में सुलाती।

परिवार में सब के सोने के बाद आखिर में वो सोती,
सर्दी में आधी रात में अपना कम्बल भी हम बच्चों को ओढ़ा देती।
फ़िर भी सुबह पहले उठ जाती,

आज तक नहीं पूछा,
आज पूछती हूँ ऐ माँ !
क्या तुम थक नहीं जाती?
बताओ ना माँ, क्या तुम थक नहीं जाती?

हमें साफ सुथरा रखना, खाना खिलाना, दूध पिलाना,
पढ़ाना, हमारे साथ खेलना नित्यक्रम था उनका।

पता नहीं क्या बरकत है उनके हाथों में
थोड़े में भी कितना चलाती
फ़िर भी कभी पेट रहा न हमारा खाली।

इतनी उम्र में भी आज है वो चुस्त-दुरुस्त
आज भी वो कितना काम कर लेती
फ़िर भी टी. वी. पर अपनी पसंदीदा सीरियल छूट ने नहीं देती।

मुझे कहती है तू अकेली कितना काम करेगी!
इतनी छोटी उम्र में भी माँ जितना मैं नहीं कर पाती।

माँ का कोई मोल नहीं ,माँ तो अनमोल है
आज मैं जो भी हूँ, जो भी मुझे आता है
मेरी माँ के दिए संस्कार है, मेरी माँ का दिया प्यार है।

सब कहते है मैं माँ की परछाई हूँ
पर माँ मैं तेरे तोले कभी ना आ पाऊँगी
मेरी माँ मेरी प्रेरणा है, मेरी माँ मेरे लिए भगवान है।

बस इतना ही कहना चाहूँगी
अब अपने आँसुओं को रोक ना पाऊँगी
इसके आगे अब लिख ना पाऊँगी....
इसके आगे अब लिख ना पाऊँगी....

4. यादगार पल

याद है मुझे आज भी वो पल
जब माँ ने कहा तेरे क़दम पड़ते ही
नये घर रूपी मिला हमें एक फल।

याद है मुझे आज भी वो पल
जब हर वक़्त पीछे घूमा करती थी
पकड़े माँ का आँचल।

याद है मुझे आज भी वो पल
जब माँ के साथ जाती थी
नदी किनारे लेने जल।

याद है मुझे आज भी वो पल
जब बापू की फटकार से मिलता था
गणित का हर हल।

याद है मुझे आज भी वो पल
जब बापू रहते थे हर नियम में अटल।

याद है मुझे आज भी वो पल
जब बापू के घर पर न होने पे
किया करते थे उनकी नक़ल।

याद है मुझे आज भी वो पल

जब बहन के साथ छत पर
निहारती थी बादल।

याद है मुझे आज भी वो पल
जब सर्दी की रातों में ओढ़ लेती
थी बहन का कम्बल।

याद है मुझे आज भी वो पल
जब बहन के साथ झूम उठती थी
मैं भी पहने पायल।

याद है मुझे आज भी वो पल
जब भाई के पीछे-पीछे चल
पड़ती थी मैं भी पैदल।

याद है मुझे आज भी वो पल
जब भाई के साथ मचाती
थी उथल-पुथल।

याद है मुझे आज भी वो पल
जब बाहर चली जाती थी
पहनकर उल्टी भाई की चप्पल।

याद है मुझे आज भी वो पल
जब सब साथ बैठकर
खाते थे दाल-चावल।

याद है मुझे आज भी वो पल
जब सारे साथ बैठ के

देखते थे दूरदर्शन
जैसे सजा हो एक मंडल।

याद है मुझे आज भी वो पल
प्यार भरी नींव से बनता है
मेरा परिवार मुकम्मल।

हाँ! याद है मुझे आज भी यह सारे पल।

5. मामा का घर

आज मेरा आँगन हुआ रोशन
आई है एक बेटी ख़ुशियों की बहार लेकर।

मामा ने यह कहकर मुझे गोद में लिया था
जब मामा के घर मेरा जन्म हुआ था।

जिम्मी कहकर बड़े प्यार से सब ने मुझे पुकारा
कोई बोले यूरोपियन तो कोई बोले मुझे अप्सरा।

हर साल छुट्टियों में जाते थे वो घर
अब जाना होता है जब हो कोई अवसर।

ये नहीं है सिर्फ़ ईंट, पत्थर का छोटा मकान
कुछ बचपन की यादें, कुछ आज भी हैं बंधन।

बचपन में खेली थी मैंने ख़ूब अठखेलियां
पड़ोस में बन गए थे दोस्त, जुड़ चुकी थी रिश्तेदारियां।

चिढ़ जाती थी मैं वो लड़कों वाले नाम से
जब बचपन में सब 'जिम्मी' कहकर बुलाते थे।

आज भी वहीं नाम से है पुकारते
पर अब एक हल्की सी मुस्कान है आती।

अब तो अक्सर ही जाना होता, दाख़िल होते ही याद है आती
वही सीढ़िया, वही आँगन जहाँ पर मैं खेला करती थी।

आज भी महसूस होती है मुझे वो कमी, याद आती है वो डगर
आज भी उतना ही प्यारा लगता है मामा का घर।

6. नई सीख

कहाँ गई वो सब रात जब
दादी से सुना करते थे कुछ न कुछ बात
कभी दादी कहते थे कहानी
तो कभी मीठे सुर में सुनते थे गीत।

मैं बन जाया करती थी रानी
ऐसी थी दादी की कहानी
अक्सर उनकी गोद में सोते हुए
कहीं स्वप्नलोक में चली जाती।

पता नहीं कब दादी की गोद में
ही सो जाया करती थी
हर एक दिन नई कहानी,
गहरी नींद में मुझे ले जाती निंदियारानी।

कभी राजा रानी, कभी भालू बिल्ली
तो कभी जादू, या बुद्धिशाली बीरबल की पहेली
हर कहानी में अच्छा किरदार
मैं ख़ुद अपने आपको मानी।

कभी मैं बन जाऊँ परी,
तो कभी राजकुमारी
हर कहानी कुछ नई सीख दे जाती।

कहानी कहानी में ही ज्ञान
सारी दुनिया का दादी समझाती
सुनते सुनते मैं भी दादी के झुर्रियों
वाले हाथों का लुत्फ़ उठाती।

दादी की हर कहानी में बुराई की हर बार हार
और सच्चाई ही जीत जाती थी।
आज होती अगर दादी तो मैं पूछ लेती
अब सच्चाई ने क्यों हार मान ली?!

7. एक नन्ही की आपबीती

आख़िर आज वो दिन आ ही गया
सब को देखकर मैं हँसी उड़ाती थी।
आज मुझे भी स्कूल पड़ रहा है जाना
आख़िर मेरी ज़िंदगी में भी आ गई आंधी।

मेरी भी छीन ली गई आज़ादी
चलो आपको बताती हूँ
एक नन्ही की आपबीती।

स्कूल का वो पहला दिन
पर है मेरी ये लिखिता
शायद आपको भी स्कूल का पहला दिन
याद दिला दे मेरी ये कविता।

जब चली थी घर से माँ के संग
कुछ अच्छे नहीं थे मेरे ढंग
कैसे भूल पाऊँ मैं वो प्रसंग
कितना किया था मैंने माँ को तंग।

स्कूल का गेट देखते ही
चल पड़ी थी मेरी नौटंकी
वो माँ का हाथ ज़ोर से पकड़कर
ज़ोरो ज़ोरो से मैं रोती।

मैं तो इतनी नन्ही सी छोटी सी
टीचर थी बड़ी लंबी सी
माँ का वो मेरा हाथ छुड़ाकर जाना
बारबार गरदन मोड़ के मेरा देखना।

वो हाथ में मेरे एक बार्बी वाला बैग
गले में तंगी थी एक बोतल
कैसे संभालू मैं इतना बोझ
याद आ रही थी माँ की गोद।

मुझे रोते देख टीचर ने दिलाई टॉफ़ी
पर मैं कहाँ थी मान ने वाली
फ़िर लगा दी टीचर ने एक थपकी।

बस फ़िर तो क्या था
ढूंढ ना पड़ा मुझे एक कोना
पास बैठी थी एक गुड़िया सी प्यारी
हो गई मेरी उससे दोस्ती न्यारी।

खेलने लगे थे साथ-साथ
नास्ता लिया था हमने बाँट
भूल गई थी रोना-धोना उस पहर
जैसे स्कूल ही बन गया था मेरा घर।

आ गया वो समय, माँ को सामने
खड़ा देख हो गई मैं आनंदमय
दौड़ के लिपट गई मैं माँ से ऐसे
जैसे पहली बार मिली हो उनसे।

कूदती, हँसती, गाती ,चहकाती
चल पड़ी पकड़े माँ का हाथ
आ गया ना आपको भी याद,
वो स्कूल का पहला दिन, वो प्यारा बचपन।

कूदती, हँसती, गाती ,चहकाती
चल पड़ी पकड़े माँ का हाथ
आ गया ना आपको भी याद,
वो स्कूल का पहला दिन, वो प्यारा बचपन।

८. पढ़ाई का सफ़र

आज नाव मैंने जल में छोड़ दी
आज नाव मेरी चल पड़ी
आज पढ़ाई का सफर मैंने शुरू किया
आज शिक्षा लेने मैं चल पड़ी।

नौका मेरी चल रही साथ लेके पतवार
सीख मेरी आगे बढ़ी देके सवालों के उत्तर
पहुँची मझधार में नैया, फ़िर तूफ़ां ने ऐसा घेरा
ज़िंदगी में आया ऐसा क़हर, रुक गया पढ़ाई का सफ़र।

पतवार भी छूट गई हाथों से
हार मान ली मैंने कुछ सालों के लिए
अब इन लहरों से क्या डरना, मैं इन लहरों से लड़ूँगी
लिया मैंने एक संकल्प, छूटी हुई पढ़ाई पूरी करूँगी।

नाव को तूफ़ां से पार कराना है अब मैं ख़ुद पतवार बनूँगी
ठान लिया भले करना पड़े संघर्ष इससे लड़ूँगी अब मैं ना थमुंगी
लक्ष्य था मेरा सिर्फ़ वो किनारा नाव को मैं वहाँ तक सिचुंगी
पढ़ाई का सफ़र फ़िर से शुरू किया अब मैं ना रुकूँगी।

अब दूर नही है बस सिर्फ़ थोड़ा फ़िर नाव होगी साहिल पे
ना हो कश्मकश, ना हो मसला तो क्या मज़ा है जीने में
पतवार के बिना मेरी नाव चल रही थी
तूफ़ां, आंधी से लड़कर ख़ुदा का हाथ

थामकर सफ़र पार कर रही थी।

इस तूफ़ां से इस समंदर से मैंने मोहब्बत कर ली
उन किताबों से उन कागज़ कलम से मैंने दोस्ती कर ली।
लहरों, तूफ़ां से लड़कर कश्ती पहुंची मेरी साहिल तक
अज़्म के साथ हुआ संकल्प पूरा, संघर्ष से भरपूर ये पढ़ाई हुई और
रोचक।

सच ही कहा है किसी ने, लहरों से डरकर नौका पार नहीं होती
कोशिश करने वालो की कभी हार नहीं होती।

9. संभालकर रखा है ख़त

आज भी संभालकर रखा है मैंने वो ख़त
वो यादें, वो लिखा हुआ मेरी बहन का ख़त

शादी के बाद आए कुछ ऐसे हालात नहीं आ पाई वो घर
एक भाई से मिलने बहन प्यारी, राखी के अवसर पर

भाई को एक प्यार भरा ख़त लिखा
साथ में माँ-बाबा और मेरा भी ज़िक्र था

आज भी संभालकर रखा है मैंने वो ख़त

बड़ी सुंदर सी राखी भेजी थी ख़त के साथ
लिखा था ख़त में, मैं ना आ पाऊँगी अबकी बार

सब के पूछे हालचाल, अपना भी बताया ख़ुशहाल
आज भी संभालकर रखा है मैंने वो ख़त

मेरी तरफ़ से भाई को बांधना राखी दुआएँ हमेशा मेरी रहेगी साथ
कहकर मुझे संदेश भेजा था, पढ़कर मेरी आँखें हुई थी नम

आज भी संभालकर रखा है मैंने वो ख़त

कहा पता था उसको कि वो होगा उसका आख़री ख़त
फ़िर ना कभी वो आई, ना आया कभी कोई ख़त

मेरी प्यारी बहन, हो गई अल्लाह को प्यारी
आज भी बांधती हूँ मैं उसके नाम से भाई को राखी
हो जाती मैं जज़्बाती, अब नही पढ़ पाती कोई हर्फ़
आज भी संभालकर रखा है मैंने वो ख़त।

10. कल हो न हो

आज बरसों बाद फ़िर से वो दिन आया था,
मेरी दोस्त ने मिलने का आयोजन बनाया था।

खो गये थे वक़्त के भवँर में दोनों,
जब मिले भाव-विभोर बन गये दोनों।

ये एक दिन सिर्फ़ हमारी दोस्ती के नाम,
पूरे करने हैं वो सारे अधूरे अरमान।
फ़िर क्या पता कल हो न हो.....

आहना के साथ शुरू हुआ सुन्दर दिन हमारा,
अभी तो साथ बिताना है दिन सारा।

अभी भी था उसमें वही बचपना,
ज़िद थी उसकी मेरे हाथ का खाना।

अब जल्दी तैयार हो बाज़ार भी है जाना,
उसका हमेशा से था हर बात में देरी करना।

ये लेना है, वो लेना है करते करते पूरा बाज़ार घूम लिया,
फ़िर भी मैं खुश थी ना जाने फ़िर कब मिले ये खुशफहमियाँ।
फ़िर क्या पता कल हो न हो.....

अब कितनी करनी है ख़रीदारी मुझे भूख लगी है भारी,

क्या पता था एक दिन यही बातें और यादें बनेगी सुनहरी।

अभी तो कितने हैं अरमान, हैं कितनी ख्वाहिशें,
आज पूरी करनी हैं मेरी दोस्त की हर फ़रमाइशें।

पहली बार सिनेमा देखने गए साथ,
आज पूरी हुई हसरत इतने साल बाद।
फ़िर क्या पता कल हो ना हो.....

वो साम भी कितनी हसीन थी
दोस्त के साथ समुद्र की लहरें थी

फ़िर से बच्चे बन गये थे फ़िर से रेत में घर बनाएं थे
फ़िर से पानी में कागज़ की कश्ती बहाई थी।

उफ्फ़! ये रात को भी इतनी जल्दी आना था,
दोनों को अपने अपने घर वापस भी तो जाना था।

नहीं भूल पाएंगे वो पल, वो एक दिन को,
साथ ख़ूब हँसे दोनों, भेट कर रो भी लिए दोनों।
फ़िर क्या पता कल हो न हो.....

11. मन बन गया युद्धभूमि

जीवन में कुछ ऐसी परिस्थितियां आती हैं
जब निर्णय लेने की बारी आती है
निर्णय कभी होता है बड़ा तो कभी छोटा
हर कदम पर है निर्णय लेना पड़ता।

कोई निर्णय से मिलता सुख तो किसी से दुःख
पर इसे मुकम्मल करने से पहले तू ज़रा रुक

इसका प्रभाव पूरे परिवार पर भी है होता,
तू मत बन इतना भावूक न सहना इतना
जो तेरे बस में ना हो, तू मत रहना मूक।

ऐसा ही एक मोड़ आया मेरे जीवन में
घबराहट और हलचल मची थी मेरे मन में

तरह-तरह के सवाल आते रहे
क्या करूँ क्या ना करूँ सताते रहे
मन बन गया मेरा युद्धभूमि,
उलझनो में जूझती रही।

कई लोग सूझाव देते रहे, सब की सलाह थी उनके अनुसार
क्या मैं बलि चढ़ जाऊँ? और हो जाऊँ न्यौछावर?
या छोड़ दूँ ईश्वर पर, ख़ुद की सोच आज़माकर
और कर दूँ उस कागज़ात पर अपने हस्ताक्षर!

निर्णय लेना थोड़ा कठीन और दुविधा युक्त था
पर मेरे ख़ुद के और परिवार के लिए बेहतर होगा
भविष्य का सोचकर आख़िर निर्णय मैंने ले ही लिया
सबकी भी थी सहमति, नहीं था उसमें स्वार्थ।

सही निर्णय वही, ना हो कभी पछतावा और ना हो कभी कोई रंज।

12. सूनसान रास्ता

एक दिन मैं तन्हा अकेली सूनसान रास्ते पर जा रही थी
धुँधला-धुँधला सा था सब पता नहीं कहाँ जा रही थी।

मुझे लगा कोई पीछा कर रहा है मेरा
कुछ अजीब सी कदमों की आवाज़ ने मुझे घेरा।

पीछे मुड़ के मैंने देखा सिर्फ़ छाया था घना अंधेरा
नग्न आकाश के नीचे ये अजीब सी आवाज़े मुझे रही थी डरा।

काँपते हुए पैरों के साथ थोड़ी हिम्मत जुटा के आगे बढ़ी
महसूस हुआ मुझे, कुछ तो है गड़बड़ी।

मन ही मन में ईश्वर का नाम लिए ढूंढ रही अपनी गली
रास्ता जैसे भूल ने लगी थी आँखें पड़ गई जैसे धुँधली।

रास्ता ख़त्म होने का नाम ही नहीं ले रहा था
आज मेरी मंज़िल दूर लग रही थी डर भी और बढ़ रहा था।

वो भयानक कदमों की आवाज़ और तेज़ी से बढ़ गई
मैंने भी अपने कदमों पर ज़ोर लगाया, जल्दी से अपने घर की
ओर चल पड़ी।

दिल की धड़कने बढ़ गई पीछे देखने से मैं झिझक रही
सोचा एकबार देख ही लूँ कहीं ये मेरा भ्रम तो नहीं।

घबराहट के साथ मैंने अपना मुँह पीछे मोड़ा
अचानक से किसी ने मेरा हाथ पकड़ा।

उठो बेटा हो गया सवेरा, वो हाथ मेरी माँ का था
ईश्वर का शुक्रिया किया, अच्छा हुआ वो सिर्फ़ एक बुरा ख़्वाब था।

13. कहीं से आ जाए फ़रिश्ते

डर लगता है मुझे अपनों को खोने से

जब मैं दूर हुई मेरी प्यारी बहन से

उस दिन से ये बन गया मेरा सबसे बड़ा डर

अब कोई पल भर के लिए दूर जाए

तो फ़िक्र रहती मुझे हर पहर।

जितना डर रहता उतना ही वो पीछा करता

अक्सर मेरे साथ यही है होता

जो मेरे क़रीब है आता

मुझे तकलीफ़ देकर छोड़ कर चला जाता।

दिल से निभाती हूँ सब रिश्ते

तभी प्यार के मिल रहे मुझे किश्तें

काश कहीं से आ जाए फ़रिश्ते

और ले जाए मुझे किसी ऐसे रास्ते।

जहाँ पर अपने भी हो, प्यार भी हो

हमेशा साथ भी हो, खोने का डर भी न हो

हर डर मंज़ूर हैं मुझे

अपनों को खोने का डर नही सहा जाता मुझसे।

काश ! ऐसा होता ऐ ख़ुदा

कोई कभी अपनों से दूर ना होता....

14. हालात से मोहब्बत कर ली

अब हालात-ए-हयात का ज़िक्र करने से क्या फायदा
ऐसा होगा जैसे ज़ख्मों को बार-बार कुरेदना
अब तो अपने ख़्वाबों की खुदकुशी कर ली है
हालात की रस्सियों पर लटक कर।

हर पल में ख़ुशियाँ ढूंढ ली है मैंने
ज़िंदगी इतना धैर्य सीखा गई मुझे
अक्सर ना उम्मीद बन गई थी ऐसे हालात से
मुँह तो नहीं फेर सकती थी तो मोहब्बत ही कर ली उससे।

जितना लिखूं उतना कम है
शायद मेरा सबसे बड़ा ग़म है
ऐसा ही सोचती रही मैं जब तक
औरों के बदतर हालात देखे नहीं थे।

मेरे हालातों ने जो ज़हर दिया
अमृत समझकर पी गई मैं
ज़हर पीती तो शायद मर जाती
अब तो मर कर भी जी गई मैं।

उन हालात में ख़ुदा ने मुझे गोद में लिया था
मेरे नहीं थे वो उसके ही क़दमों के थे निशां
तू मत डर हालात से रख तू हौसला
तू मत भूल है उसकी जो मर्ज़ी सिर्फ़ वही है होता।

रख तू यकीन उस ख़ुदा पे
वो तेरे आसपास ही है कहीं पे
मान ले इन मुश्किलों को उसकी दुआ
गर अंधेरा है तो एक दिन होगी भी सुबह।

15. बुरी आदत

मुझे है एक बुरी आदत
पर नहीं है इसमें कुछ गलत
जब हो जाती है मुझे किसी से उल्फ़त
दिल-ओ-दिमाग में छा जाती है उसकी मूरत
बन जाती है वो मेरी जरूरत
हर चीज़ में दिखाई देती है उसकी सूरत

जब पाती हूं उसको अपने निकट
तभी दिल को मेरे मिलती है राहत
रहती है मुझे उसकी फ़िक्र हर वक़्त
बस हो वो बिलकुल हिफाज़त

उसके ख़्वाबों की मन में बनती है इमारत
उससे मिलने की लगी रहती है हसरत
हो जाती है बेइंतहा उससे मोहब्बत
जैसे बन जाती है वही मेरी इबादत

मान लेती हूँ मैं उसको अपनी किस्मत
मगर दिल से मेरे हर कोई खेल जाते सियासत
ऐ ख़ुदा तू कर दे इतनी मुझ पर इनायत
सब खेल जाए मुझसे, इतनी न हो मुझमें रहमत

अब मुझे भी बनानी है ऐसी अपनी शख्सियत
छोड़ना चाहती हूँ अपनी यही बुरी आदत।

16. रोते-रोते हँसना सीखो

यूँ तो कई बार रुलाया है ज़िंदगी ने
अब तो रोते रोते हँसना सीखा गई ज़िंदगी

ज़िंदगी में आया था एक ऐसा मोड़
जब रोई थी मैं छुप-छुप कर बहुत

मन ही मन में अपने आपको समझाया
किसके लिए इतना रोना आखिर इतना क्यों रोना!

वो जगह या वो लोग जहाँ मुझे चैन नहीं
सोच रही जहन्नम से जन्नत में हूँ आ गई

बस रो लिया एक दिन जी भर के
ख़ुद ही आँसू पोंछकर उठ पड़ी खुशी से

जैसे खुश थी अपने निर्णय से
हँस पड़ी अपने ही रोने पे

सच कहूँ! तो मैं बहुत खुश हूँ आज
बस है इतना मुझे है कहना आज

रोते रोते हँसना सीखो
हँसते हँसते रोना।

17. किया है मैंने संकल्प

किया है मैंने संकल्प सबको और प्यार बाँटने का
किया है मैंने संकल्प ओरों पर और रहम करने का

किया है मैंने संकल्प अपनी रूह को और समझने का
किया है मैंने संकल्प बड़ों की ज़्यादा सेवा करने का

किया है मैंने संकल्प सबकी और मदद करने का
किया है मैंने संकल्प लोगों को और जानने और समझने का

किया है मैंने संकल्प अपने परिवार के साथ और वक़्त बिताने का
किया है मैंने संकल्प अब ख़ुद अपना ख़याल रखने का

किया है मैंने संकल्प एक नये कौशल को सीखने का
किया है मैंने संकल्प अपनी मंजिल तक पहुँचने का

किया है मैंने संकल्प और ज़्यादा किताबें पढ़ने का
किया है मैंने संकल्प और नये दोस्त बनाने का

किया है मैंने संकल्प और ज़्यादा कविताएं लिखने का
किया है मैंने संकल्प इस नये साल में अपनी और किताबें
प्रकाशित करने का।

18. ख़ालीपन

तेरे अक्स को अपने कमरे की दीवार पर महसूस करती है,
तेरे दिए गुलाब में अक्सर तेरी ख़ुशबू का एहसास करती है।

तेरे साथ बिताएँ उन प्यारे लम्हों को अपनी यादों में संजोती है,
उन जज़्बातों को अश्कों की स्याही से कोरे कागज़ पर लिखती है।

अपने दिल से बात करती है, ख्वाबों में तुझसे मुलाक़ात करती है,
इस तरह तेरी गैरमौजूदगी में 'ज़ोया' अपने ख़ालीपन को भरती है।

19. ख़्वाहिश

ऊँचे आसमाँ में उड़ जाऊँ,
ख़्वाहिश ये एक मेरी है।

बंदिशों का कफ़स तोड़ दूँ,
चाहत बस ये एक मेरी है।

प्रकृति से अटूट रिश्ता जोड़ लूँ,
तमन्ना बस ये एक मेरी है।

मन के समंदर में डूब जाऊँ,
हसरत बस ये एक मेरी है।

जीते जी जन्नत की सैर कर लूँ,
आरज़ू बस मेरी इतनी है।

20. बहुत सह लिया

मुझसे जो हो सकता था वो सब कुछ मैंने किया,
हर किसी के लिए अपने आपको भी बदल दिया।

गलती न होने के बावजूद भी उसका स्वीकार किया,
आँखों में आँसू आते ही उसे कई बार है रोक दिया।

बार-बार बेइज्जत होने के बाद भी हर रिश्ता निभाया,
बदले में सब ने दर्द देकर हर बार आहत करके छोड़ा।

ज़िंदगी में कई बार गिरने के बाद भी ख़ुद को खड़ा किया,
बहुत सह लिया 'ज़ोया' अब और नहीं, अब तुझे है लड़ना।

21. एक पन्ना

वो एक पन्ना ज़िंदगी का तेरे नाम जो है फाड़ना चाहती हूँ,
मगर वो पन्ने के बिना सारे पन्ने बिखर जाएंगे ये मैं जानती हूँ।

तू आया ज़िंदगी में लिखी है उस पन्ने में हमारी वो पूरी दास्तान,
मिटाना चाहती हूँ उस स्याही को मगर रह जाएंगे फिर भी निशान।

वो एक पन्ने की हमारी अधूरी कहानी को पूरी करके किताब
भरूँगी,
उठे है 'ज़ोया' के दिल में जो सवाल उसके जवाब आवाम से
पूछूँगी।

वो एक पन्ना लिखा है तूने प्यार के रंगों से इसलिए है वो रंगीन,
बाकी के कोरे कागज़ मेरे अश्कों की स्याही से होंगे नमकीन।

22. मैं ख़ुश हूँ

आज मैं ख़ुश हूँ, उस नक़ाबपोश का असली चेहरा सामने आया है,
जिसे सच्ची मोहब्बत समझती थी उसका झूठापन बाहर आया है।

जिसे मैं अपना मान चुकी थी उसने दुश्मन को अच्छा ठहराया है,
आज मैं बहुत ख़ुश हूँ, ख़ुदा ने मुझे उस फ़रेबी रिश्ते से छुड़ाया है।

23. ज़िंदगी बहुत खूबसूरत है

बचा लिया तुमने आख़िर
उस रात मुझे
वरना में आज ज़िंदा न होती

तब लगता था
आख़िर क्यूँ बचाया मुझे
मरने ही दिया होता

ज़िंदगी वैसे भी रुठी हुई थी मुझसे
पर अब समझ पाए हूँ
ज़िंदगी सिर्फ़ वही ख़ुशी नहीं है

और भी बहुत कुछ है जीने के लिए
ऐसे हार नहीं मानते ज़िंदगी से
ज़िंदगी बहुत खूबसूरत है।

24. दुनियावालो ने

हमको दुनियावालो ने जीना सिखाया है
पहले जीना ही कहा आता था
जब से दुनिया की ठोकरें मिली जीना सिख गए।

हमको दुनियावालो ने प्यार करना सिखाया है
पहले सब को प्यार बाँटते थे
जब से प्यार में दर्द मिला
अब ख़ुद से प्यार करना सिख गए।

हमको दुनियावालो ने भरोसा करना सिखाया है
पहले हर कोई इन्सान पर भरोसा करते थे
जब से धोखा खाया
ख़ुदा पर अटूट भरोसा करना सिख गए।

25. एक रिश्ता ऐसा भी

एक माँ ने छह बच्चों को जन्म दिया
हमारे घर के पीछे था उसका बसेरा
हररोज़ घर की छत से देखती में वो नज़ारा
खाना देती उन्हैं, वो बच्चों को माँ का दूध पिलाना

बड़ी भाती थी मुझे माँ और बच्चों की गतिविधियां
जैसे मेरी जुड़ चुकी थी उनसे रिश्तेदारियां
एक दिन सुबह सवेरे गई में छत पर
नहीं दिखाई दी मुझे माँ, कहाँ होगी इस पहर

इधर-उधर सब जगह देखा, नहीं दिखी कहीं पर
किसी ने मुझे आगाह किया, वो माँ गई है मर
मेरे पैरों तले जमीन खिसक गई
क्या होगा अब बच्चों का यहीं सोच रही

सब पड़ोसी बने बच्चों का सहारा
दो बच्चे मैं ले आई अपने घर
वो भाई को पसंद न आना तेरा
वो तुम्हारे लिए भाई से झगड़ना मेरा

कैसे तुम्हें खिलाती पिलाती और खेलती रहती हर पल तुम्हारे साथ
वो तुम दोनों बच्चों का आपस में प्यार और वो खेलना साथ साथ
रात को वापस तुम्हें अपने भाई बहन के पास छोड़ने जाना पड़ता
मुझे वो विरह का पल जैसे अकेला था कर जाता

एक बच्चे को ही लेके आओ घर, पापा ने बोला
एक बच्चे को रखा घर, टेड्डी नाम रखा मेरी पसंद का
पूरे दिन मेरे पीछे पीछे तेरा दौड़ना
जब मैं बैठ जाऊं तो मेरे चप्पल हटाकर बीच में तेरा सोना

थोड़ी देर तेरा खाना, मेरी गोदी में सोना
वो तुझे भाई बहन याद आना, वो तेरा रोना
देखा नहीं गया मुझसे, छोड़ आए तुझे उनके पास
छत पर से तेरा नाम लेके मेरा तुझे पुकारना

वो दीवार चढ़कर तेरी कोशिश मेरे पास आने की
दोनों को लगन लगती थी एक दूसरे से मिलने की
सब ने कहा रोयेगा थोड़े दिन, फ़िर से ले आई तुझे घर
बहुत खेल रहा तू मेरे साथ, इस बार रख लिया मैंने तुझे रात भर

वो रात भर तेरा रोना, वो तेरे लिए मेरा हॉल में सोना
रात भर तेरी पॉटी साफ़ करना, जैसे बन गई थी मैं तेरी माँ
नहीं देखा गया पूरी रात तेरा रोना
छोड़ आई फ़िर से तुझे तेरे घर

बस हमारा वो छत से ही मिलना रहा बरकरार
थोड़े दिन बाद आई ख़बर, चला गया तू भी इस दुनिया से मुझे
छोड़कर।

26. लिखना शुरू किया है मैंने

बस यही (शीरोज़ के मंच पर)से लिखना शुरू किया है मैंने,
सोचती हूँ कहा से आते हैं ये अल्फ़ाज़!
न कोई किताब पढ़ी न कोई ऐसी कक्षा गई!

ख़ुद का लिखा हुआ पढ़ती हूँ,
तो लगता है यह कैसे लिख लिया मैंने!

बस यही से लिखना शुरू किया हैं मैंने।

कहीं यह ज़िंदगी ने दिए कड़वे अनुभव से तो नहीं?
या है ये क़ुदरत का कोई करिश्मा।

जो दिल से कागज़ पर उत्तर आता है,
शायद इसलिए पाया है शीरोज़ का मंच मैंने।

बस यहीं से लिखना शुरू किया है मैंने।

ढेर सारी तारीफ़ करना चाहती हूँ,
पर लफ्ज़ बयां नहीं कर पा रही हूँ में।

सच्चे दिल से आपकी तारीफ़ करती हूँ।
यही तोहफ़ा आज आपको पेश किया है मैंने।

बस यहीं से लिखना शुरू किया है मैंने।

बहुत-बहुत शुक्रिया सायरी चहल साहेबा,
आपके इसी आविष्कार से आज सीखा है उड़ना।

पिंजरे में होते हुए भी
आज महसूस किया है आसमान मैंने।

बस यही से लिखना शुरू किया है मैंने।

जैसे सारस भर रहा हैं विश्व में सबसे ऊँची उड़ान,
वैसे सायरी साहेबा का विश्व में नाम हो विख्यात।

उड़ आए हम सब भी इस चिड़िया घर से बाहर,
करे आपका अनुसरण रहे हरदम आपके साथ।

ख़ुदा से कर रही हूँ यही दुआ आपके लिए,
माफ़ कर दीजिएगा गर लिखने में गलती की हो मैंने।

बस यहीं से लिखना शुरू किया है मैंने।

27. दिल की बात कहने दो

आज याद आ गई फिर से उसकी
आज आँखे भर आईं फिर एक बार

आज फिर एक बार मैं जज़्बातों में बह गई
आज कह लेने दो मुझे अपने अफ़साने

खोया है मैंने अपने कोई क़रीबी को
जो मेरे दिल के बहुत ही क़रीब था

साथ-साथ खेले थे, साथ ही हुए बड़े
ज़िंदगी की हर बात उससे कहा करती थी

मेरी सब उलझनों को चुटकियों में सुलझाती थी
मेरी बड़ी बहन मेरी माँ के समान थी

एक एक करके आज बीत गए बारा साल
आज भी याद आते हैं उनके साथ बिताए हर एक पल

दिल में छुपा है बहुत दर्द,
आज दिल की बात कहने दो

याद आ जाते है वो किस्से,
आज आँखों से अश्क़ बह लेने दो

थरथरा रहे है लब मेरे फ़िर भी,
आज अल्फाज़ो को बयां होने दो

हँसी के दिखावटी नक़ाब को
आज उतार लेने दो,

आज थोड़ा रो लेने दो।

28. मैं अध्यापिका बन गई

मेरी भी हज़ारों हसरतें थी,
मुझे कोई और नौकरी करनी थी,

पर कैसे करती ख़्वाहिशें पूरी,
घर में पापा-भाई की जो चलती थी।

फ़िर क़िस्मत ने एक दिन दस्तक दी,
और मैं अध्यापिका बन गई।

नौकरी तो मेरी थी बड़ी प्यारी
बन गई थी मैं बच्चों की जो परी।

ईश्वर की कृपा से पाई थी ये अनमोल नौकरी
जिसकी हर एक यादें हैं बड़ी सुनहरी।

तब क़िस्मत मेरी ज़्यादा ही ज़ोर कर गई,
दूर नहीं थी स्कूल मेरी, बस एक छोड़ कर दूसरी गली।

सुबह सवेरे जाना होता, दोपहर तक तो वापसी होती,
बच्चों के संग बच्चा बन जाती, हर दिन एक नई चुनौती।

कभी-कभी समस्याएं भी आती छोटी-मोटी
हर हफ्ते लेती थी मैं, बच्चों की कसौटी।

बच्चों का वो प्यार से पुकारना, टीचर,
जैसे हो जाती थी मैं स्कूल में फ़ीचर।

मेरे जीवन का था वो ऐसा अवसर,
जैसे यह नौकरी बन गई थी मेरी हमसफ़र।

एक और बार क़िस्मत ने पलटी खाई
नौकरी से लेनी पड़ी मुझे बिदाई।

लगता है जैसे कल ही है छोड़ी
पर नौकरी छोड़े पूरे दो साल गए बीत।

29. पढ़ी है एक क़िताब

मैंने पढ़ी है एक क़िताब, वो नहीं है इतनी भारी,
पर है मेरे दिल के क़रीब, पढ़ी है मैंने वो बारी-बारी।

अल्फ़ाज़ में कैसे बयां करूँ उसका मतलब!
मेरी ज़िंदगी के हर दर्द को करती है वो ग़ायब।

उठ रहे थे मेरे मन में जब कई सवाल,
जिसका नहीं था मेरे पास कोई जवाब।

बेबस थी दिल से, मन था मेरा बड़ा बेताब,
तब उठाई मैंने 'अल्लाह की आवाज़' एक क़िताब।

जैसे जैसे पढ़ती गई मेरी रूचि भी बढ़ती गई,
दिल-ओ-दिमाग़ की घबराहट कम होती गई।

आँखों से अश्क़ सूखने लगे, रूह को सुकूँ दे गई,
पता ही न चली वक़्त की रफ़्तार, क़िताब थी ऐसी प्रवाहमही।

हर एक लफ्ज़ में जैसे ख़ुदा की कोई दुआ थी,
थोड़ी देर के लिए जैसे नूर-ए-ख़ुदा से रूबरू थी।

जब मन होता है बड़ा बेचैन और बेसब्र आज भी,
सहारा बनती यही क़िताब, मेरी ज़िंदगी में है इसकी अहमियत
बड़ी।

30. यादों की तस्वीर

कुछ पुरानी यादें ज़ेहन में अभी हैं,
कुछ पुरानी तस्वीर अभी रखी हैं।

आज कमरा साफ़ करते हुए
एक पुरानी एलबम पर नज़र पड़ी है।

वो परिवार के साथ गुज़रा हुआ वक़्त
वो कुछ बीते लम्हें याद दिलाती हैं।

वो जो पहले खुशियां थी
वो आज कहाँ देखने मिलती हैं।

वो हर त्योहार पर ली गई तस्वीरे हैं
वो सब के साथ किए व्यवहार बताती हैं।

जहाँ पर खींची थी वो जगह
वो बचपन के दिन याद दिलाती हैं।

वो पूरे परिवार का शादी पर इकट्ठा होना
मेरे मन को अभी भी लुभाती है।

कुछ तस्वीरें ऐसी है जो हंसाती है
तो कोई तस्वीरें आज रुला जाती है।

वो सारी स्मृतियां इन पुरानी
तस्वीरों में कैद हो चुकी है।

जैसे जैसे उम्र बढ़ती है
वो तो और पुरानी होती जाती हैं।

फ़िर भी ठीक है पलभर के लिए ही सही
वो पुरानी तस्वीरें सब याद दिला जाती हैं।

इसलिए आज भी वो एलबम
मैंने संभालकर रखी है।

31. जन्नत-ए-नज़ारा

इस धरती पे है जन्नत वहाँ जाना चाहती हूँ,
मैं वहाँ का हर एक नज़ारा देखना चाहती हूँ।
मैं वो बर्फ की सफेद चादर को ओढ़ना चाहती हूँ,
मैं वो बर्फ के गोलों से खेलना चाहती हूँ।

मैं वो गुलिस्ताँ में खिले गुल को सूंघना चाहती हूँ,
मैं वो वादियों में मेरी गूँज सुनना चाहती हूँ।
मैं वो झील, नदियों के साथ बहना चाहती हूँ,
मैं वो पेड़ो की कतारों के बीच धुंध झाँकना चाहती हूँ।

मैं वहाँ की फ़िज़ाओं में घुलना चाहती हूँ,
मैं वहाँ की महक के साथ महकना चाहती हूँ।
मैं वो बर्फ का इंसान बनाना चाहती हूँ,
मैं वो बर्फ का समंदर पिघलते देखना चाहती हूँ।

मैं वहाँ की बर्फबारी को महसूस करना चाहती हूँ,
मैं वो हँसी वादियों, खुले आसमान में साँस लेना चाहती हूँ।
मैं वो जन्नत-ए-नज़ारे को अपने कैमरे में कैद करना चाहती हूँ,
मैं ज़िंदा होते हुए ही जन्नत की सैर करना चाहती हूँ।
हाँ! मैं धरती के स्वर्ग कश्मीर घूमना चाहती हूँ।

32. होली है!

मुझे याद आती बचपन की वो होली,
एक साथ निकलती हम बच्चों की टोली।

रंग, गुलाल, पानी के गुब्बारे, और पिचकारी,
कर लेते थे अगले दिन सब मिलके तैयारी।

रंग-बेरंगी कपड़े सबके हो जाते,
जैसे इंद्रधनुष उतर आया धरती पे।

रंग जाते थे संग में सब के बाल,
ज़ोरो ज़ोरो से रगड़ के लगाते गुलाल।

बाहर निकलते ही सब को डराते,
किसी के घर के दरवाजे भी रंग आते।

सामने देखते बड़े लड़कों की गैंग,
सब को चिढ़ाते वो सब पी के भांग।

वो सब के साथ मिलकर गाते गाने,
वो चिल्लाते जाते... होली है...!

33. दाल-चावल

दाल-चावल है मेरा पसंदीदा खाना
स्वादिष्ट फ़िर भी साधारण और सादा
हर रोज़ मेरे घर में है बनता।

उससे जुड़ी है मेरी कुछ यादें
इसमें शामिल है मेरी माँ की दुआएं
माँ देती थी उसमें प्यार का झोंका
मुझे बहुत पसंद आता था वो दाल तड़का।

भाँती-भाँती की दाल है बनती
कभी अकेली,कभी पाँच मिलके पंचरत्न होती
कभी दाल मखनी तो, कभी दाल मोरादाबादी,
दावत और सजी लगती जब साथ में होती सब्जी रोटी।

पहले तो पड़ती है उबालनी, कुकर की सीटी मुझे बुलाती,
जब तक गाढ़ी नहीं बन जाती, वो मुझे दौड़ाती
सारे मसाले डालकर, बाद में उसे बघारती
जब लगाती तड़का, चारो और खुश्बू फैल जाती।

बिना तड़के के दाल फ़ीकी है लगती
और मज़ेदार लगती जब साथ में नान या तंदूरी रोटी होती
बासमती चावल की वो महक मुझे है याद आती
जो पकते हुए पूरे घर को है महकाती।

दाल के साथ खिले-खिले बासमती चावल
झटपट है बन जाता, कभी नहीं बोर करता
बडे चाव से हर कोई है उसे खाता।

साथ में नींबू का अचार, जैसे सोने पे सुहागा।
मुझे सबसे ज़्यादा दाल-चावल ही पसंद आता।
परिवार के साथ बैठ के खाने का मज़ा ही कुछ और होता।

34. बिना नमाज़ हो गई इबादत

एक दिन जा रही थी मैं अपने सफ़र पर
अचानक से मेरी नज़र पड़ी एक उदास चेहरे पर

मैं गई उसके पास पूछे उसके हालात
वो बैठा रहा गुमसुम कुछ भी नहीं थी हरकत

मन में ही सोचा मैंने कुछ तो करना होगा
आख़िर ये है कौन? ऐसे अकेला क्यों है बैठा!

इस मासूम सूरत की आख़िर क्या होगी हसरत!
मुझे हुई हैरत क्यों नहीं है कोई उसके निकट? क्या किसी में नही
रही इंसानियत!

सोचा पहले उससे दोस्ती बढाई जाए
उदास चेहरे पर मुस्कुराहट लाई जाए

शुरू की मैंने थोड़ी सी शरारत
माहौल को बनाया थोड़ा फरहत

उसके ग़म पर जैसे मिला मरहम
ख़ुदा की भी हुई ऐसी इनायत

आख़िर मुस्कान आई उसके होठों पर
आज बिना नमाज़ के जैसे हो गई मेरी इबादत

फाड़ दिया मैंने अपने सफ़र का वो टिकट
आज इस अजनबी के साथ सफ़र करना है क़ायम

उसे खुश देख मेरे दिल को मिली राहत
मेरे साथ पूरा दिन बिताने वो भी हुआ सहमत

बातों-बातों में जान ली मैंने उसकी सब आदत कौन है वो?
कहाँ से है आया? जान लिया उसका पता

वो मासूम सी जान छूट गई थी अपने वालिदैन से
बड़ा प्यारा सा बच्चा था छोड़ ने गई मैं उसके घर उसे

ख़ुश हुआ उसका परिवार जैसे बरस पड़ी ख़ुदा की रहमत
उस प्यारे से बच्चे को नहीं छोड़ पा रही थी मैं, हो गई थी मुझे
भी उससे उल्फत।

35. ख़्वाब मुकम्मल हो गया

एक सुहानी, ख़ुशनुमा रात में
चली गई मैं अपने ख्वाबों के जहाँ में

काश मुझे भी कोई सुनता
काश मैं भी कुछ बोल पाती

उस रात ख़्वाब से यूँ मेरा राब्ता हुआ
उठाएं क़लम और कागज़ और लिखना शुरू किया

दिल के सारे जज़्बात कुछ अनकहे, कुछ अनसुने
कागज़ पर ऐसे उतरे जैसे फ़लक पर चमकते चाँद सितारें

ख़ुद ही लिखकर ख़ुद को सुना रही थी मैं
फ़िर भी ना जाने क्यों दिल से हल्का महसूस कर पा रही थी मैं

कागज़ क़लम से कुछ ऐसा रिश्ता जुड़ा
क़लम में लफ्ज़ पिरोती गई, कागज़ पर बयां हुई ज़ुबाँ

फ़िर आ गई सुबह जो हकीकत से मुझे रूबरू किया
ये तो एक ख़ूबसूरत ख़्वाब था, जो कभी सच ना होगा

जाने कैसे बेचैन हुआ मन, ख्वाबों को हुई उड़ने की चाह
पाया मैंने शिरोज़ का मंच, ख्वाबों ने लिया एक मोड़ नया

उठा ली मैंने ख़्वाबों की वो क़लम, बना लिया मैंने अपना मन
कोशिश है अभी जारी, ख़्वाबों को हकीकत में बदलने की

जो एक ख़्वाब था सिरहाने में मेरे
आज वो ख़्वाब मुकम्मल हो गया
आज वो ख़्वाब मुकम्मल हो गया

36. कविता पर लिख रही हूँ कविता

कविता पर लिख रही हूँ आज मैं कविता,
कविता पर लिख रही हूँ आज मैं कविता।

मेरी कविता में सिर्फ़ अल्फ़ाज़ नहीं है,
मैंने बयां किया है मेरा हाल-ए-दिल है।
मेरी कविता में सिर्फ़ पंक्तियां नहीं हैं,
मैंने महसूस की हुई एक अनुभूति है।

मेरी कविता में सिर्फ़ संसार का अनुभव नहीं है,
मेरी ख़ुद की जिंदगी का लिखा मैंने तज़ुर्बा है।
मेरी कविता सिर्फ़ एक कल्पना नहीं है,
मेरी कविता हर एक मर्ज़ की दवा है।

मेरी कविता सिर्फ़ दुनयावी सौंदर्य नहीं दिखाती,
प्रकृति से प्रेम, दया, और करुणा है सिखाती।
मेरी कविता सिर्फ़ एक कहानी नहीं है,
मेरी कविता में बसा मेरा अनुराग है।

मेरी कविता में सिर्फ़ कड़ियाँ नहीं हैं,
मेरी कविता जैसे बजती एक तरंग है।
मेरी कविता में सिर्फ़ लय, छंद नहीं है,
मेरी कविता माँ सरस्वती की प्रेरणा से है।

37. मुझे लिखने की प्रेरणा मिलती है

मुझे लिखने की प्रेरणा मिलती है
मेरे अतीत के अनुभव से, मेरे दैनिक जीवन से

मुझे लिखने की प्रेरणा मिलती है
इन सुंदर फूलों से,जो चारों ओर खुशबू फैलाते हैं

मुझे लिखने की प्रेरणा मिलती है
इन चाँद-सितारों से,जो अंधेरे में उजाला फैलाते हैं

मुझे लिखने की प्रेरणा मिलती है
ये उगते और ढलते सूरज से, जो नई सुबह आने का संदेश देता है

मुझे लिखने की प्रेरणा मिलती है
इन समुद्र की लहरों से, जो बूँद-बूँद मिलकर इतना विशाल बना है

मुझे लिखने की प्रेरणा मिलती है
बारिश की गीली मिट्टी और उसकी खुशबू से,जो मन को सुकून
देती है

मुझे लिखने की प्रेरणा मिलती है
आसमान में निकले इंद्रधनुष से, जो हर रंग का महत्व समझाता है

मुझे लिखने की प्रेरणा मिलती है
समंदर में मिलती नदियों से, जो कभी रुकती नहीं है

मुझे लिखने की प्रेरणा मिलती है
इन ठंडी हवाओं से, जो हालात के मुताबिक़ ख़ुद को ढाल लेती है

मुझे लिखने की प्रेरणा मिलती है
खेतों में लहराते हुए पेड़-पौधों से, जो पतझड़ में पते गिरने के बाद
भी खड़े रहते हैं

मुझे लिखने की प्रेरणा मिलती है
पानी के बहते उन झरनों से, जो हरदम बहते रहते हैं

मुझे लिखने की प्रेरणा मिलती है
इन ऊंचे-ऊंचे अड़िग पहाड़ो से, जो हरहाल में पथ नहीं बदलते हैं

मुझे लिखने की प्रेरणा मिलती है
इन पशु-पक्षियों से, जो निःस्वार्थ प्यार बांटते हैं

मुझे लिखने की प्रेरणा मिलती है
यह धरती माँ से, जो कितना कुछ सह जाती है

मुझे लिखने की प्रेरणा मिलती है
इन बादलों से, जो तपती धूप में छाँव देते हैं

मुझे लिखने की प्रेरणा मिलती है
इन वाद्य-यंत्रों से, जो हर उदास मन को खुशी और सुकून देते हैं

मुझे लिखने की प्रेरणा मिलती है
कुदरत की बनाई हर एक चीज़ से
हर एक उलझते-सुलझते इंसान से
अपने हालातों से, अपनी कल्पनाओं से
जो भी दिल-ओ-दिमाग़ में सूझता है
शब्दों में बयां कर देती हूँ
बस यही सब मेरी प्रेरणा है
जो मुझे कलम उठाने पर मजबूर कर देती है।

38. हमदर्दी

तलाश-ए-हमदर्द में हर बार
हम दर्द बढ़ाते गए

फूलों की राह पर चलने निकले
मगर कांटों की चुभन पाते गए

उम्मीद की थी हमदर्दी की
पर हर जगह दर्दी ही पाए गए

नाउम्मीद होना मुनासिब न समझा
तो ख़ुद हमदर्द बनके सबको हमदर्दी लुटाते गए।

39. एक चेहरा

बस वही एक चेहरा है
जिसका नूर ख़ुदा के नूर से मिलता है

जिसको मैंने जन्म होते ही पहली बार देखा है
ईश्वर के रूप को कभी देखा नहीं है

पर शायद हूबहू इस चेहरे से मिलता है
आज भी उसका नूर वैसा है

जो मेरे मन और दिल को सुकूँ देता है
हाँ! वो चेहरा-ए-नूर मेरी माँ का है।

40. मेरी जगह

गर मेरी जगह तुम होते तो समझ पाते
जब दिल जलता है, जब पलके भीगती है
जब ग़म की आह निकलती है
जब इक माँ अपनी बेटी को रोते देखती है
जब गलती ना होने पर भी गिड़गिड़ाती है
जब चुप रहकर सामने वाले कि कड़वी बातें सुनती है
जब कुछ मजबूरी ना होते हुए भी रिश्ता निभाती है
जब बार बार धक्का देने पर भी वापस आती है
ये सब उसकी कमजोरी नहीं बल्कि प्यार होता है
ये सब सहने की आदत नहीं पर संस्कार होता है।

41. छलकते ख़्वाब

मेरे अंतर्मन में ख़यालों की लहरें उछल रही,
जाग उठी मेरी तमन्ना ख़्वाबों को पूरा करने की।

हो गई मैं हकीक़त की नावँ पर सवार,
साथ में ली मैंने ख़यालों की पतवार।

कुछ ख़्वाब पहुंचे साहिल तक, तो कुछ छलकते रह गए,
हिम्मत मैंने न हारी, पतवार हाथ से मैंने न छोड़ी।

हौसला है बुलंद, कोशिश अभी भी है जारी,
अब छलकते ख़्वाबों को मुकम्मल करने की है बारी।

42. इन आँखों ने

इन आँखों ने बचपन में माँ पर अत्याचार होते देखा
पर मासूम तब समझ न पाई

इन आँखों ने बचपन में अपनों से घाव देते हुए देखा
पर उन हाथों को रोक न पाई

इन आँखों ने शादी के बाद धोखा होते देखा
पर किसी को कह न पाई

इन आँखों ने बहन का जनाज़ा जाते देखा
पर उसे रोक न पाई

इन आँखों ने आख़री सांस महसूस करके देखा
पर ख़ुद को मार न पाई

इन आँखों ने प्यार के लिए ख़ुद को तकलीफ़ देते देखा
पर प्यार को दुःखी न कर पाई

इन आँखों ने बहुत आँसू बहा लिए छोटी से उम्र में
और ख़ुद उन आँसुओ को पोंछना सीख गई।

43. एक औरत ने सिखाया

एक औरत ने मुझे
तकलीफ़ में भी ख़ुश रहना सिखाया

जीवन में चाहे कितनी भी कठिनाई आए
हँसकर उसको सहना बताया

चाहे बड़े कभी गलत भी हो फ़िर भी
बड़ो का आदर करना सिखाया

कुछ भी बदले में अपेक्षा बिना
सब का अच्छा करना बताया

बचपन से मुझे ये संस्कार दिलाया
यह सब सिर्फ़ मेरी माँ ने सिखाया

44. आकाश है मेरा

हवाओं की छुअन में
बादलों की आग़ोश में

चाँद की चाँदनी में
सूरज की तपिश में

सितारों की चमक में
है मेरा बसेरा

मैं आज़ाद परिंदा
ये आकाश है मेरा

45. कविता हमें रच रही है

दिल के जज़्बात को कागज़ पर सजा रही है
मन के अल्फ़ाज़ को कलम से बयां कर रही है

आँखों में छिपी भावनाओं को स्याही से निखार रही हैं
लबों से अनकही बातों को हर जुबां गुनगुना रही हैं

ज़िंदगी को फूल बनाकर खुशबू चारों ओर फैला रही है
ऐसा लगता है जैसे हम नहीं, कविता हमें रच रही है।

46. परिवार मेरा

जहाँ बच्चों में है संस्कार
और संस्कृति की परवरिश

जहाँ बड़ो से मिलता है
अनुशासन और आशीष

जहाँ बसती है सहनशीलता
पर नहीं है कोई रंजिश

सब को बांधे रखने में हरदम
परिवार मेरा करता कोशिश।

47. मेरी काव्य यात्रा

ज़िंदगी से मिले हरदम कड़वे अनुभव
बार-बार गिरकर ख़ुद को हरबार संभाला
अंतरात्मा से करती रहती थी मैं परामर्श
अकेलेपन में कागज़-कलम बने सहारा

विचारों के भँवर में कागज़ कश्ती बना
कलम पतवार बन तूफ़ाँ से पार किया
किनारे आकर शुरू हुई मेरी काव्य यात्रा
ख़ुदा की रहमत से जज़्बात उतरे कागज़ पर।

48. सवारूँ लेखनी

चमकते सुथरे कागज़ पर उतारू
अनुभवों से मोती चुनकर

मोर पंख की कलम से लफ़्ज़ों को
ज्ञान की स्याही में डुबोकर

मोतियों समान पंक्तियों को
अपने विचारों के धागे में पिरोकर

सवारूँ अपनी लेखनी के रूप को
कविता की माला पहनकर।

49. ख़ुद से प्यार

बरसों बाद ख़ुद से की है मुलाक़ात,
अपने मन से खुलकर की है बात

समंदर किनारे अकेले बैठकर,
मिट गई है जैसे बरसों की मेरी प्यास

अपनी रूह से इज़हार-ए-इश्क़ किया,
इतना प्यार किसी ने नहीं है दिया

बड़ा खूबसूरत है ख़ुद से प्यार का एहसास,
एक बार करके देखो आप।

50. एक खूबसूरत लम्हा

आसमाँ में आज़ाद उड़ते परिंदे,
और चारों ओर हो हसीं वादियां

गुलों से महके गुलिस्ताँ,
और हो पानी का बहता ठंडा झरना

हो उसके बीच मेरा छोटा आशियाना,
बनालू संसार से दूरियाँ

बन जाऊँ मैं ख़ुद का फरिश्ता,
मिले ऐसा एक खूबसूरत लम्हा।

51. माँ का प्यार

चंद पंक्तियों में कैसे लिखूं मैं माँ का प्यार
मेरे लिए तो माँ ही है मेरे जीने का आधार

सिर्फ़ माँ पर मैं जता सकती हूँ अधिकार
हर बार गिरने पर संभाला उसने बार-बार

माँ की आग़ोश है दवाई,जब आता है बुखार
धूप में पेड़ की छाँव जैसा है माँ का दुलार

ख़त्म नहीं होता कभी माँ के प्यार का भंडार
माँ के रूप में लिया ईश्वर ने धरती पर अवतार

ख़ुशनसीब है जिसके सर पर है माँ का उपकार
इतना कहूँगी, मत करना किसी की माँ का अनादर।

52. शांत हूँ मैं, अनभिज्ञ नहीं

शांत हूँ मैं, अनभिज्ञ नहीं, पलट कर जवाब देना मेरे संस्कार नहीं
खामोश रह जाती हूँ, क्योंकि किसी का बुरा करना चाहती नहीं

प्रेम, धर्म निभाती हूँ मैं अपना, ऐसी भी कोई मेरी मजबूरी नहीं
करते हो जो दबाव, है मुझ में सहनशक्ति, मेरी कोई कमजोरी नहीं

यूँ तो आवाज़ तुझसे बुलंद कर सकती हूँ, मगर वो मेरी फितरत
नहीं
पछताओगे किए पर एक दिन, क्योंकि लिखा जा रहा है हिसाब
कहीं।

53. साथ था ख़ुदा

जब आ गए थे ज़्यादा ग़म, छोड़ दी थी मैंने बंदगी-दुआ,
मन कहता है ख़ुदा पे ना जा, जो तक़दीर में था वो हुआ।

जब कोई नहीं था साथ तेरे, तब साथ था सिर्फ़ वो ख़ुदा,
गर उस दिन वो साथ न खड़ा होता, आज न होती ज़िंदा।

तेरी ज़िंदगी में लिखा था हादसा, मत दे किसीको बद्दुआ,
जब तूने किया था सजदा, सिर को तेरे ख़ुदा ने था छुआ।

भरोसा रख 'ज़ोया' खाली न रहेगा दुआ में जो हाथ है उठा,
मत रहना तू मायूस, सब्र की तौफ़ीक़ दे रहा है तुझे अल्लाह।

54. मेरी सहेली

बचपन में थी मेरी एक सुंदर, प्यारी सी सहेली,
वो मेरे बिना और मैं उसके बिना थी अकेली।

खेला करते थे हम साथ, साथ करते थे पढ़ाई,
एक दिन हो गई दोनों के बीच लंबी सी जुदाई।

शादी कर ली थी उसने, हो गई थी उसकी बिदाई,
कुछ साल बाद मेरी ज़िंदगी भी बिल्कुल बदल गई।

दूर हुए थे दोनों, तक़रीबन पंद्रह साल गए थे बीत,
नहीं था दोनों में संपर्क, पर दिल से थे दोनों क़रीब।

एक दिन अचानक एक लड़की का कॉल आया,
मीठी आवाज़ में उसने अपना नाम सलमा बताया।

वीडियो कॉल में देखकर ख़ुश हुई थी सलमा-ज़ोया,
दोनों को ऐसा लगा जैसे अपने अक्स को सामने पाया।

सहेली की फ़रमाइश, लिखूँ अपनी दोस्ती पर कविता,
सलमा को पेश है ये नज़राना 'ज़ोया' की ये लिखिता।

55. ज़ोया के जज़्बात

दिल में नासूर बने ज़ख़्म का बेपनाह दर्द बने अल्फ़ाज़,
लिखना शुरू किया नहीं समझेगा कोई ज़ोया के जज़्बात।

चीख उठती है जो भीतर नहीं आती है उसकी कोई आवाज़,
कागज़-कलम ही बने मरहम और ज़ख़्म को दे रहे है राहत।

कोरा कागज़ सी बन गई थी ज़िंदगी स्याही के रंग से रही हूँ भर,
दुःखों सी अँधेरी रातों से अब उदित हुआ है सुख का नया सूरज।

अब नहीं रही किसीकी जरूरत 'ज़ोया' को है अब ख़ुद पे नाज़,
खोल दी ज़िंदगी की किताब अब नहीं रहा दिल में कोई राज़।

56. जून

जून तुम्हारा फिर से तहेदिल से स्वागत है
थोड़ी तपिश है तो आती थोड़ी बारिश है

जून मुझे बेसब्री से तेरा इंतज़ार रहता है
इस मास में मेरा जन्मदिन जो आता है

तुझसे एक सौगात की मुझे ख़्वाहिश है
तेरे साथ ले जाना जहाँ की सारी मुश्किलें

अगले साल मनाऊंगी जन्मदिन ख़ुशी से
मिले सबको राहत 'ज़ोया' की यही दुआ है।

57. दर्द से प्यार

दर्द मेरी ज़िंदगी का एक हिस्सा है,
पता नहीं इससे मेरा क्या रिश्ता है।

सब छोड़ जाते है ये नहीं छोड़ता है,
लगता है इससे ताउम्र का नाता है।

अब मेरी भी ये आदत बन गया है,
शायद दर्द से मुझे प्यार हो गया है।

58. आँख मिचौली

मैं खेलूँ रात के संग आँख मिचौली
चाँद सितारों के साथ बनाकर टोली

जैसे रात लगती मेरी बिछड़ी सहेली
भरती है सुहाने सपनों से मेरी झोली

ज़िन्दगी मेरी बन जाती ऐसी सुरीली
ख़्वाबों में सजाती मैं यादों की डोली

दिल के दर पर रचाती मैं रंगों से रंगोली
कभी बिना नींद ऐसे ही रात गुजार देती

कभी लोरी गाकर गोदी में मुझे वो सुलाती
सुबह मेरी आँख पर पट्टी बांध चली जाती।

59. रात की आग़ोश में

रात की आग़ोश में जाते हुए
ख़्वाब की बाँहों में लहराते हुए

जमीं का बिछौना बिछाकर
आसमान की चादर ओढ़े हुए

चाँद को सिरहाने में रखकर
सितारों के संग बतियाते हुए

अँधेरे को चाँदनी में लपेटकर
आँखों मे मीठी नींद सजाये हुए

ख़्यालों का दरिया ठहराते हुए
सो जाती हूँ दिल में सुकूँ लिए।

60. राखी का त्यौहार

प्रेम रूपी राखी जुड़ी जज़्बात के नाजुक धागे से
रेशमी रिश्ते की राखी गूँथी है रक्षा के वचन से
स्नेह के बंधन में बांधी गई एक अटूट विश्वास से
खट्टी मीठी नोकझोंक से बनी सुनहरे प्यारे रंगों से

बड़े इंतज़ार के बाद घर खुशियां लेके बहन आई
कुमकुम, चावल, राखी, मिठाई से थाली सजाई
सूनी थी जो,आज चाँद सी चमके भाई की कलाई
हरख भाई का दिखे, बहन कुमकुम तिलक लगाई

प्यारी बहना को आज भाई ने दिया अनमोल उपहार
दुनिया में सबसे अनोखा है भाई-बहन का प्यार
माँ जैसे करती दुलार, बेटी के बिना अधूरा परिवार
जग के सारे पर्व में सबसे न्यारा है राखी का त्यौहार।

61. सूरत की घारी

मिठाइयों में हैं सबसे ये न्यारी
मिठाई हैं ये सूरत की घारी

यहीं पसंदीदा मिठाई है हमारी
कभी पचने में हो जाती है भारी

फिर भी मेरी है ये सबसे प्यारी
लगे तीखा मीठी बन निभाती यारी

सूरत में है ये सबकी दुलारी
जिसने है बनाई हूँ उसकी मैं आभारी

आप भी खाकर देखो एक बारी
ज़रूर बताना इसके बारे में राय तुम्हारी।

लेखिका परिचय

इस किताब की लेखिका जल्पा लालाणी है। इनका पेन नाम 'ज़ोया' है। इनका जन्म गुजरात में एक गाँव जाम-रावल में हुआ है। उन्होंने अपनी प्रारंभिक शिक्षा अपने गाँव से ली। आगे की पढ़ाई उन्होंने घर से ही प्राप्त की। उन्हें हिन्दी साहित्य और संगीत और चित्रकला में रुचि है। हाल में वह एक टीचर है। और उन्होंने Sheroes, Storymirror, YourQuote, Wordpress, Nojoto, अमर उजाला, जैसे मंच पर हिंदी और अंग्रेजी में अपनी रचनाएँ लिखी है और लेखन प्रतियोगिता में भाग लिया है और पुरस्कार एवं प्रमाणपत्र पाए है। यह उनकी तीसरी (paperback) किताब है। उनकी तीन और किताबें इस प्रकार है -- 'ऊँची उड़ान'- with the wings of patience (paperback book), 'आख़िर दिल है हिन्दुस्तानी'-वतन की खुश्बू (paperback), 'तक़दीर से उम्मीद'(ebook), वह अपने जीवन के अनुभवों को शब्दों में पिरोती रही जो सरल, सुंदर रूप से उन्हें ईश्वर ने प्रदान कीए है।